A. Ketschau

Notizbuch Muränen

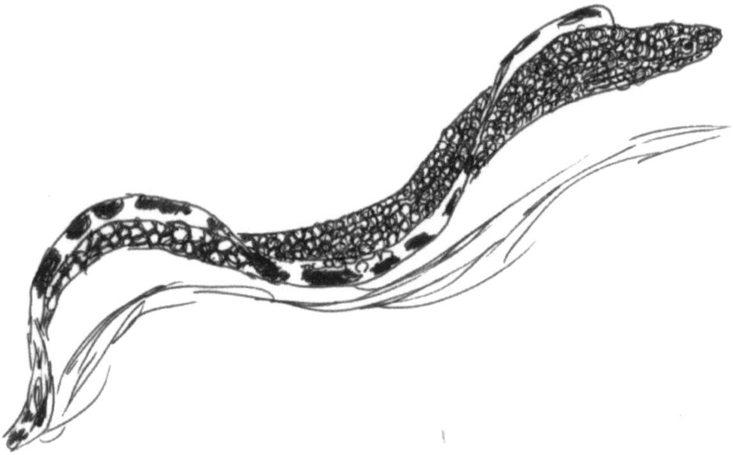

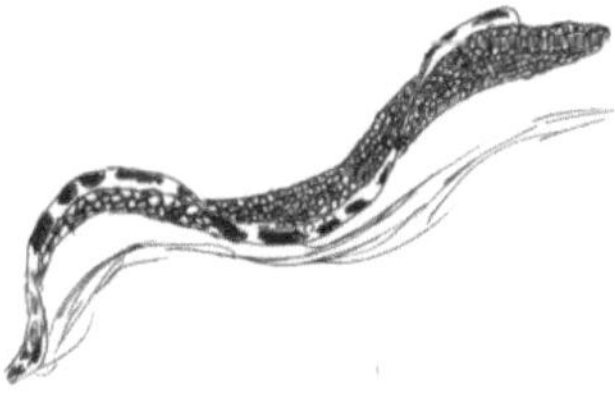

Bibliografische Information der Deutschen Nationalbibliothek:

Die Deutsche Nationalbibliothek verzeichnet diese Publikation in der Deutschen Nationalbibliografie; detaillierte bibliografische Daten sind im Internet über

http://dnb.d-nb.de abrufbar.

Herstellung und Verlag: BoD – Books on Demand, Norderstedt

Ketschau, A.

Notizbuch Muränen

ISBN 9783755784845

Bildmaterial: A. Ketschau

HINWEIS/ Haftungsausschuss:

Eine Haftung für Schäden, gleich welcher Art, schließe ich aus!

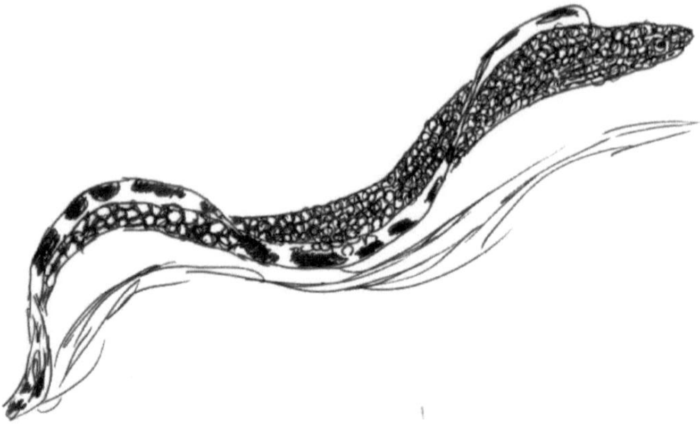

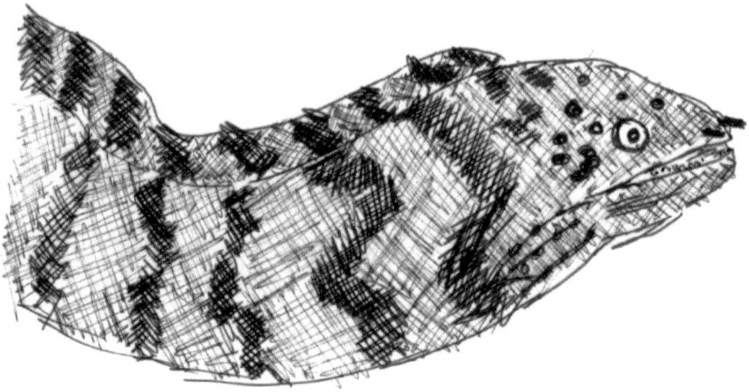

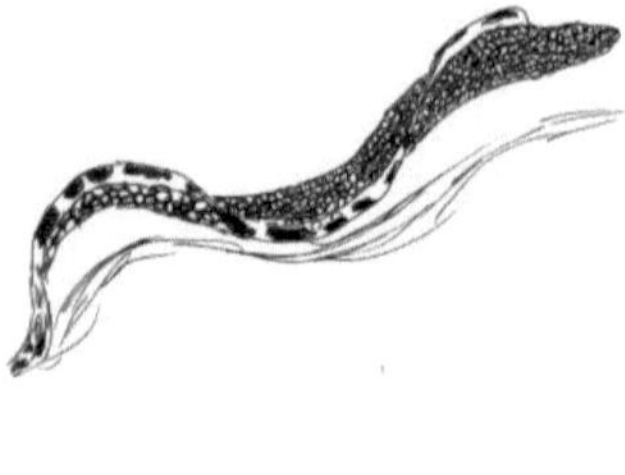

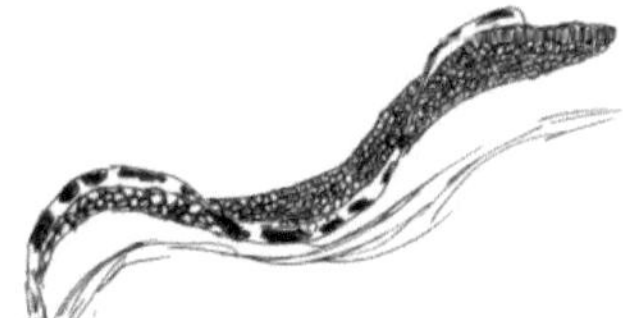

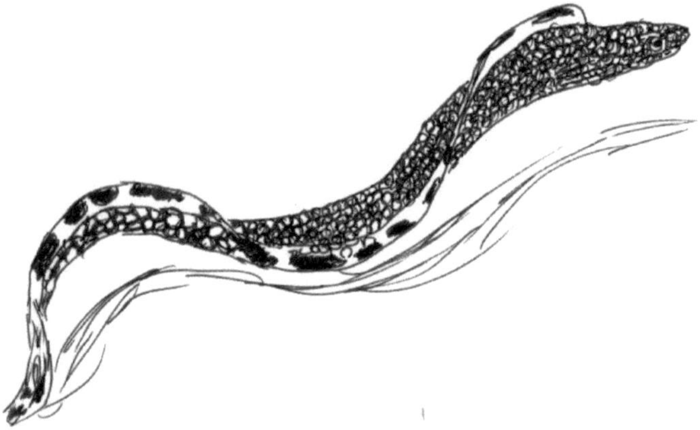

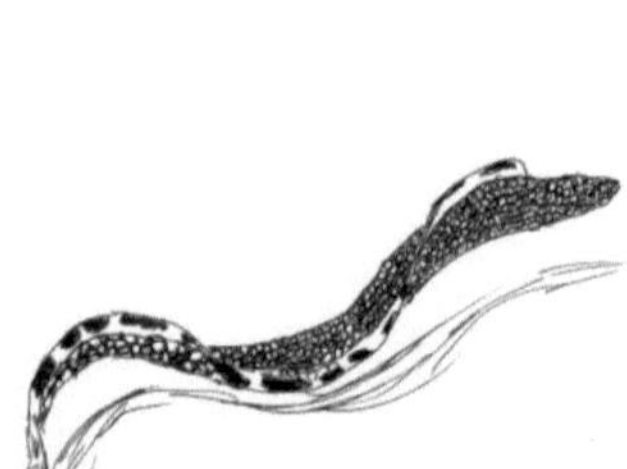

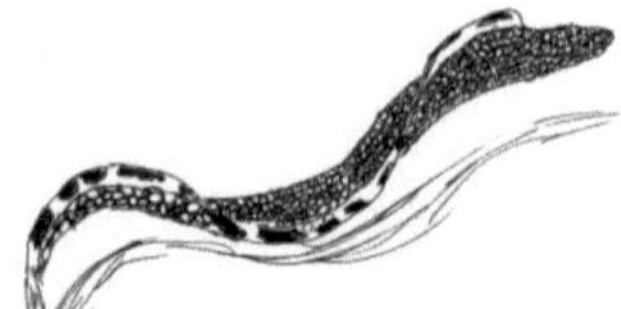

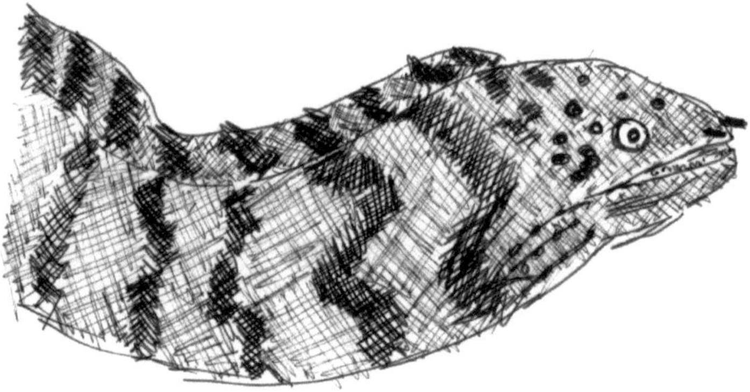

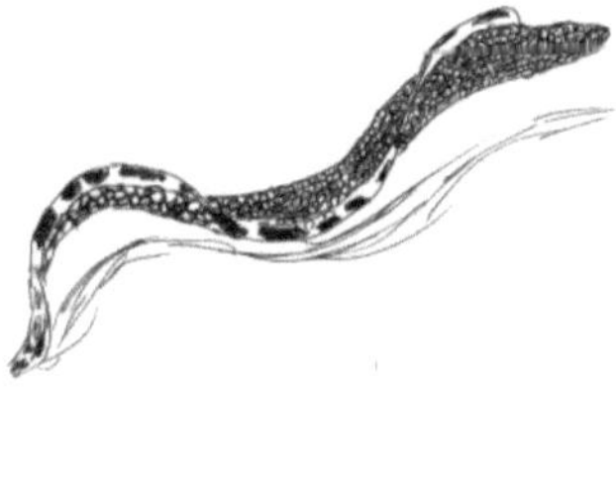

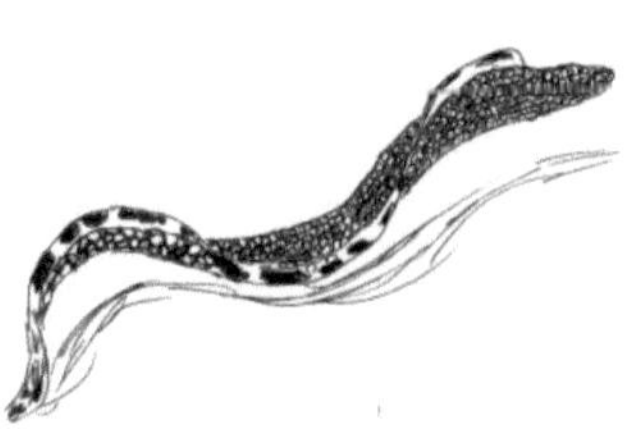

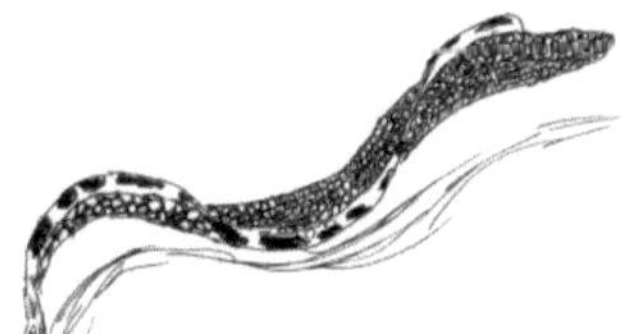

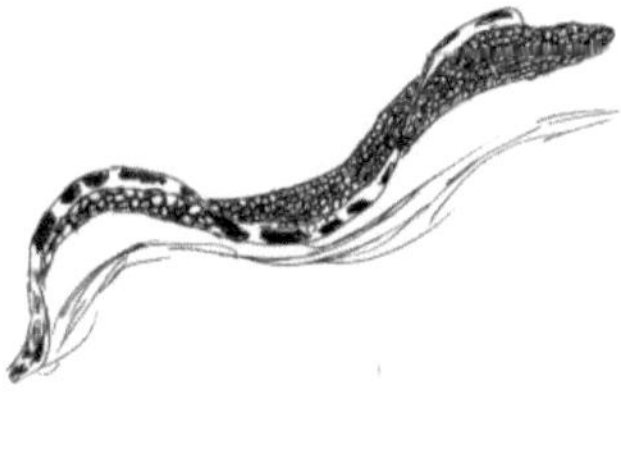

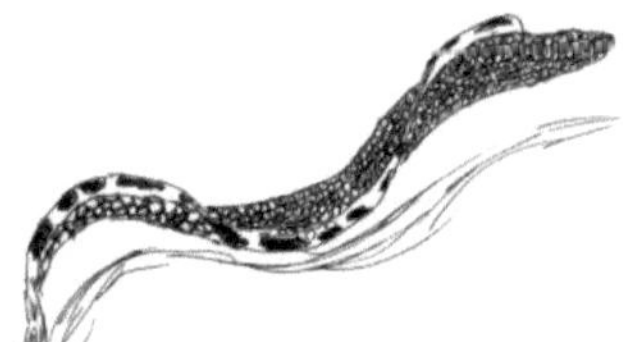

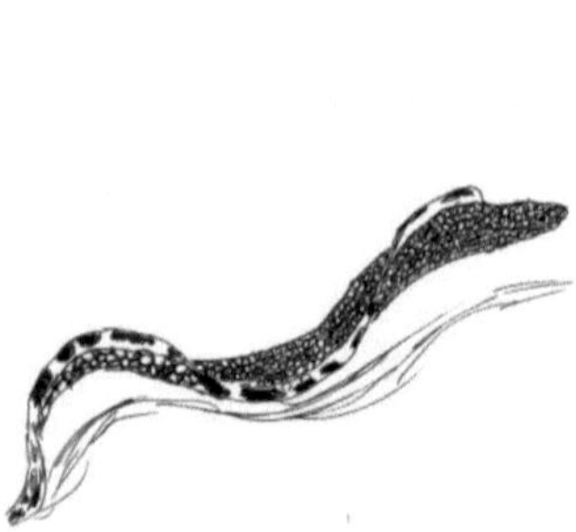

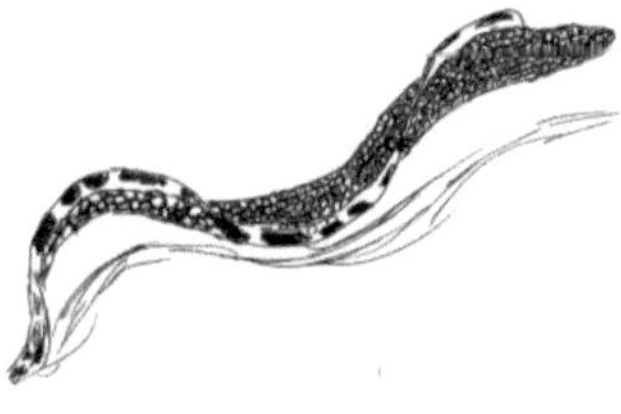

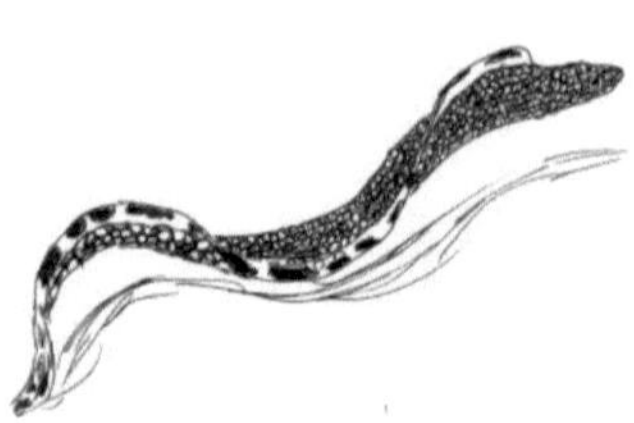

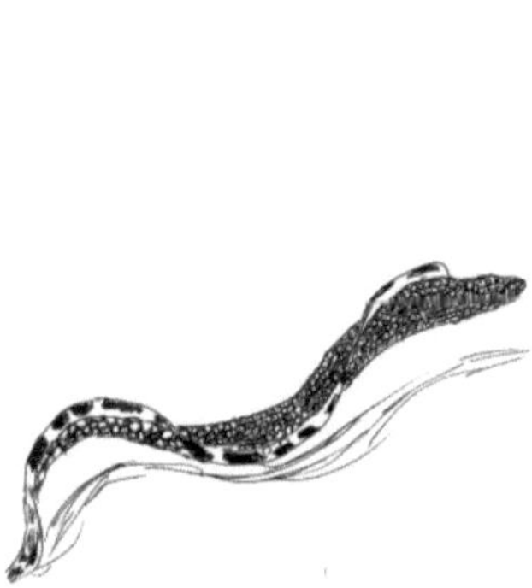

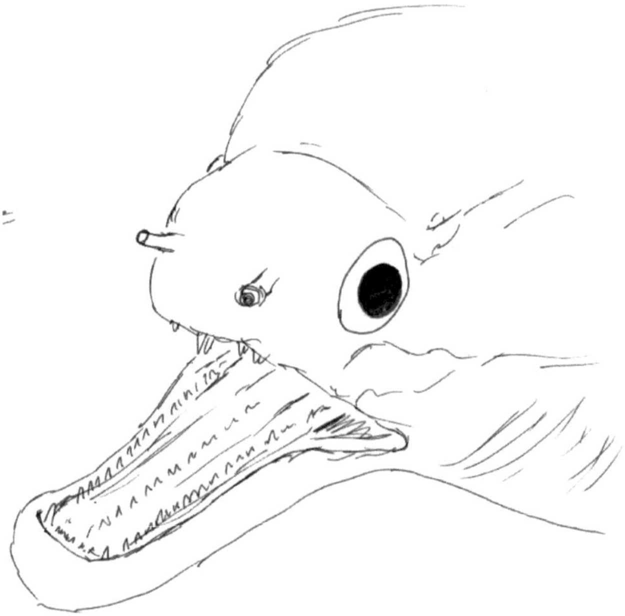

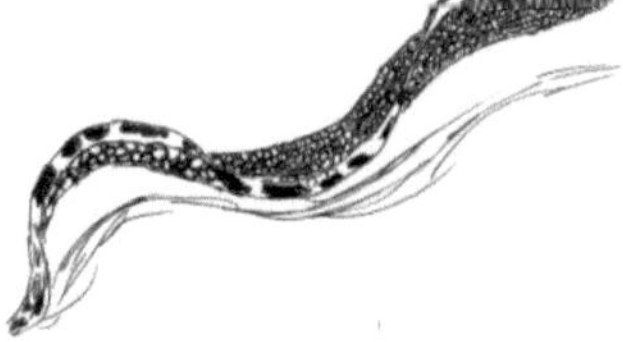

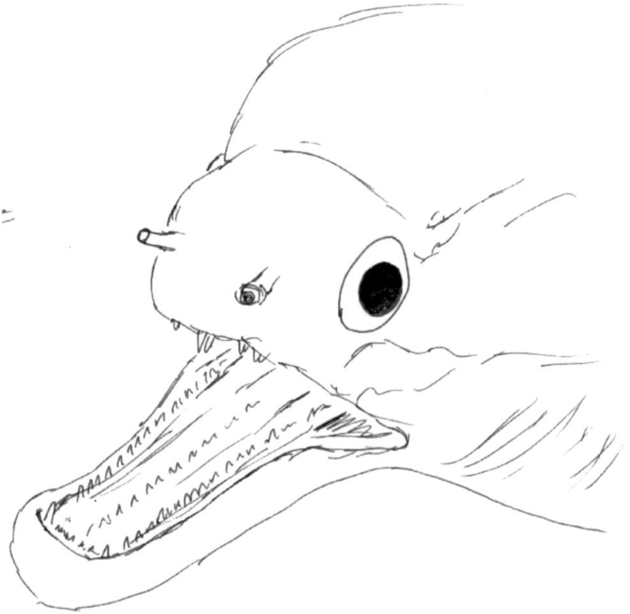

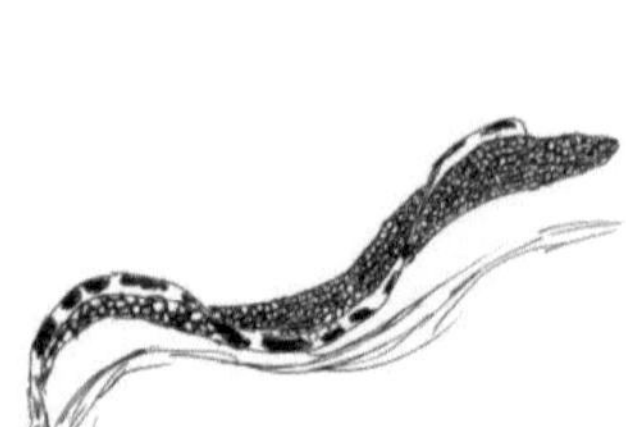

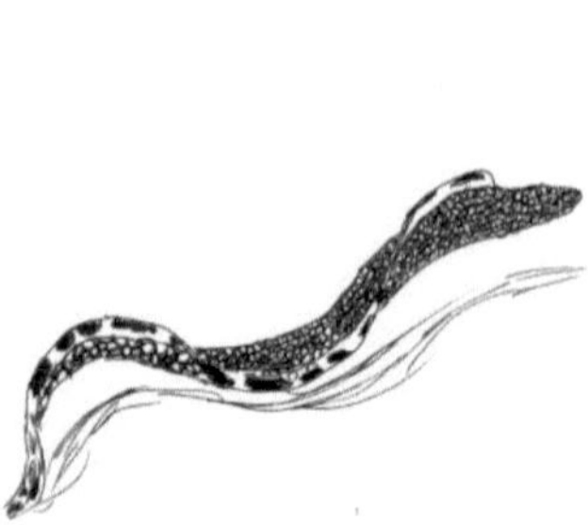

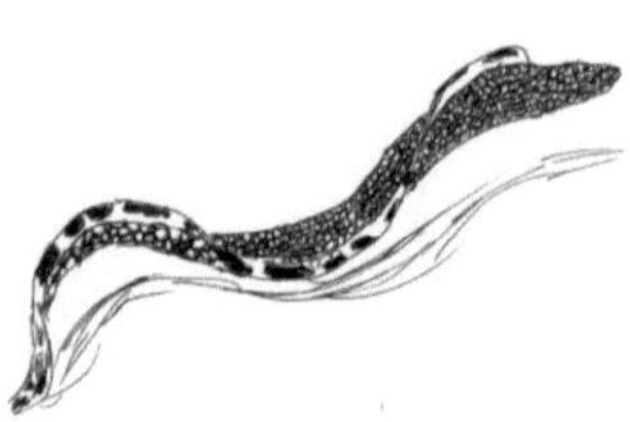

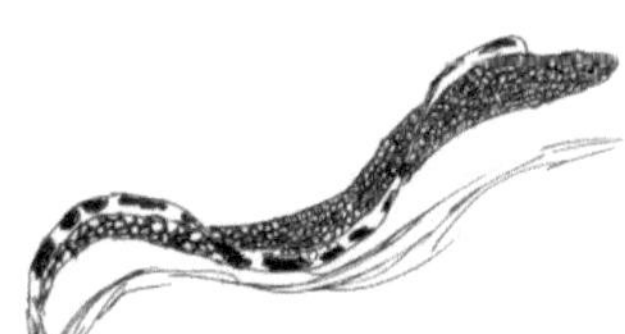

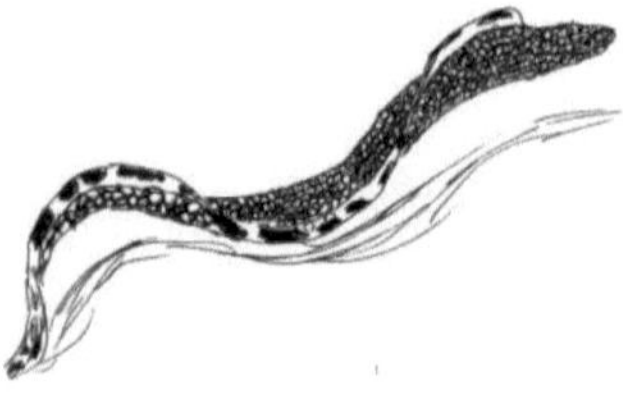